Aproximación a la NeuroPsicología

Dr. Juan Moisés de la Serna

www.juanmoisesdelaserna.es

Prefacio

Hablar de neuropsicología es hacerlo de una de las ramas que más han crecido en los últimos años, ya que se nutre de los avances tanto de la psicología como de la neurociencia.

El ámbito de la neuropsicología abarca tanto aspectos teóricos como de la práctica ante trastornos o traumatismos.

Un ámbito que está siendo cada vez más demandado debido a los grandes beneficios que ofrece a los pacientes.

Sumario

Dedicado a mis padres

Agradecimientos

Aprovechar desde aquí para agradecer a todas las personas que han colaborado con sus aportaciones en la realización de este texto, especialmente al Dr. David Lavilla Muñoz, Profesor Titular de Comunicación Digital y Nuevas Tendencias de la Universidad Europea y a Dª Daniela Galindo Bermúdez, Presidente de Hablando con Julis: la solución para la comunicación y el aprendizaje de personas con discapacidad.

Aviso Legal

No se permite la reproducción total o parcial de este libro, ni su incorporación a un sistema informático, ni su transmisión en cualquier forma o por cualquier medio, sea éste electrónico, mecánico, por fotocopia, por grabación u otros medios, sin el permiso previo y por escrito del titular del copyright. La infracción de los derechos mencionados puede ser constitutiva de delito contra la propiedad intelectual (Art. 270 y siguientes del Código Penal).

Diríjase a C.E.D.R.O. (Centro Español de Derechos Reprográficos) si necesita fotocopiar o escanear algún fragmento de esta obra. Puede contactar con C.E.D.R.O. a través de la web www.conlicencia.com o por el teléfono en el 91 702 19 70 / 93 272 04 47.

© Juan Moisés de la Serna, 2018

Capítulo 1. Bases Neuronales del Cerebro

La Neuropsicología surge de la unión de dos ramas de conocimientos, la psicología y la medicina, cuyo objeto de estudio son los procesos psicológicos, memoria, atención, lenguaje... y cómo estos se desarrollan con la edad, y si se ven alterados por los trastornos del desarrollo y problemas asociados a traumatismos, enfermedades o la vejez.

Con respecto al cerebro hay que conocer sus bases neurológicas, sobre todo en cuanto a estas capacidades psicológicas de las que se encarga la neuropsicología.

Anatómicamente la corteza cerebral está dividida por el surco central, dejando a un lado el hemisferio derecho y al otro el izquierdo, y bajo ambos se encuentra el diencéfalo, que son estructuras interiores (tálamo, subtálamo, hipotálamo, epitálamo metatálamo y tercer ventrículo) que conecta con el tallo cerebral (mesencéfalo, puente de Varolio y el bulbo raquídeo).

Los hemisferios por su parte pueden dividirse en lóbulo frontal (situado en la parte frontal del cerebro), lóbulo parietal (tras el lóbulo frontal, sobre el lóbulo temporal y delante del lóbulo occipital), lóbulo temporal (bajo el lóbulo temporal) y lóbulo occipital (situado en la parte anterior del cerebro).

El lóbulo frontal está asociado a las funciones ejecutivas, esto es, a la capacidad de organización, toma de decisiones y supervisión de las mismas. Es donde se recibe "toda" la información, se procesa y responde a partir de ahí. La lesión de esta estructura conlleva desorganización de la conducta, desinhibición sexual y aumento de conductas de riesgo.

El lóbulo parietal, que es el centro de la información sensitiva, con un papel destacado en el lenguaje, y su lesión puede provocar discalculia (problemas con las matemáticas), dislexia (problemas con el lenguaje), afasia (problemas con la pronunciación), apraxia (problemas de movimiento), agnosia (problemas de reconocimiento).

El lóbulo temporal, implicado en los procesos del lenguaje relacionados con el procesamiento auditivo, igualmente interviene en el procesamiento de imágenes complejas. Además, participa de los procesos de consolidación de memorias a largo plazo.

Su lesión provoca dislexia, afasia y deterioro de la memoria verbal.

El lóbulo occipital, en donde se encuentra el centro de procesamiento visual, donde llega toda la información percibida por la vista a través de los nervios ópticos. Las lesiones en esta área provocan problemas de reconocimiento y procesamiento de las imágenes captadas.

Con respecto a las localizaciones de los aspectos como la atención, el lenguaje o la memoria, indican que existen distintas estructuras implicadas en cada una de ella, produciendo la lesión de uno de los lóbulos la pérdida total o parcial de dicha función.

Abandonando así definitivamente la teoría localizacionista que rigió durante décadas el estudio de la neurociencia, donde se trataba de asignar a cada región del cerebro una determinada función psicológica, de forma que la lesión de la misma impedía a la persona el desempeño de dicha función.

Actualmente se considera que las funciones cognitivas están distribuidas en el cerebro, y aunque existen centros especializados de procesamiento de determinadas informaciones, ya sean auditivas, visuales, propioceptivas... todo ello luego va a distribuirse para constituir las huellas de memoria, por ejemplo.

Para poder adentrarnos en el conocimiento del cerebro lo vamos a hacer con respecto al mundo emocional, el cual es más complejo de lo que a simple vista se puede ver. Vamos a profundizar en los distintos elementos que lo componen.

Cuando se habla de componentes de la emoción, depende de dónde pongamos el foco de atención para decir que existen más o menos, así en una primera aproximación se pueden hablar de tres expresiones de la emoción:

- La neurofisiológica, abarca todas las vías y estructuras neuronales implicadas particularmente para cada una de las emociones, además de las respuestas vegetativas de vasocontricción, taquicardia, respiración acelerada y ruboración que acompañan a las emociones.

- La conductual, en el que nuestro cuerpo se convierte en "espejo" de nuestras emociones, manifestándose de forma involuntaria mediante la expresión facial y del resto del cuerpo, tensando o relajando determinados músculos, que pueden delatar lo que sentimos, incluso cuando tratamos de "disimularlo". Igualmente, éste componente nos habla de lo que vamos a hacer o no por seguir esa emoción, es decir, cómo se van a expresar todos aquellos actos motivados en nuestro comportamiento y en la forma en que nos relacionamos con los demás.

- La cognitiva, que tiene más que ver con cómo percibimos nuestra propia emoción y la de los demás, y cómo la interpretamos, es decir, la vivencia subjetiva de nuestros sentimientos. La carencia de una adecuada educación emocional puede estar detrás de la Alextimia, donde la persona es incapaz de identificar e interpretar correctamente sus propias emociones ni la de los demás.

MacLean (1949) planteaba la evolución del cerebro en tres grandes etapas, el reptiliano, paleomamífero y el neomamífero; siendo el segundo (donde aparece el sistema límbico) el responsable del procesamiento emocional, lo que indicaría que este sistema emocional es anterior, y justificaría sus cualidades en el procesamiento de estímulos afectivos.

Con respecto a las bases neuronales de la actividad emocional, las áreas que tienen mayor implicación en el procesamiento de las emociones son las subcorticales (amígdala y ganglios basales) y algunas áreas corticales, principalmente la corteza prefrontal, la corteza temporal y cingulada.

Respecto a la localización del procesamiento de los estímulos positivos frente a los negativos, no se ha llegado todavía a un consenso, así algunos autores defienden que la activación hemisférica se produce por igual ante los estímulos positivos y negativos. Davidson (1984) propuso un modelo de distribución hemisférica del procesamiento de estímulos afectivos según el cual, el lóbulo temporal derecho procesaría los estímulos negativos, mientras el izquierdo procesaría los positivos.

Completando lo anterior, Heller (1993) postuló la existencia de un área cerebral más amplia (parieto-temporal) como la responsable de analizar el componente de la activación (arousal) de los estímulos; así las zonas frontales anteriores estarían implicadas en el procesamiento de la valencia (positivo, negativo o neutro) y la experiencia emocional, mientras que las zonas posteriores lo serían del componente arosual y de los aspectos perceptuales de las emociones.

La existencia del circuito emocional-perceptual-memorístico en el cerebro humano está ampliamente consensuado, en donde la amígdala tiene un papel crucial registrando las ocurrencias de los estímulos emocionales.

Así la información con contenido emocional tiene significativamente más probabilidad de ser mejor almacenada y recuperada frente a la información con contenido neutro.

La extensa conexión entre la amígdala y las regiones visuales extraestriado y del hipocampo, permite a la amígdala modular su funcionamiento y facilitar la función perceptiva y mnésica en esas áreas, estos resultados se confirman en pacientes con lesiones en la amígdala.

Sin embargo, hay evidencias que indican que el aprendizaje emocional asociado con la amígdala está limitado temporalmente, y que los efectos posteriores sobre la memoria podrían deberse a la participación de otras regiones del cerebro como la corteza órbitofrontal.

Estaríamos ante un circuito de procesamiento emocional que contrastaría con la vía de procesamiento cognitivo específica. En el circuito emocional los estímulos parecen ser analizados automáticamente de forma más ruda y rápidamente, siguiendo una estrategia configuracional, según Arbib y Fellous (2004) se trata de una comunicación simplificada, pero con información de gran relevancia, necesaria para la supervivencia y el desarrollo adecuado dentro del nicho ecológico. Por lo tanto, esta capacidad de procesamiento en paralelo representa una ventaja competitiva para sobrevivir en el medio ambiente, ya que permite al sujeto evitar amenazas y peligros de forma inmediata, incluso antes de ser evaluada la información conscientemente en la corteza prefrontal.

Varios estudios con animales informan sobre la existencia de una vía directa desde las neuronas sensoriales al sistema límbico, especialmente al núcleo de la amígdala. Alternativamente a esta vía, se realiza un análisis más fino y lento de los estímulos soportado por las neuronas sensoriales que conectan directamente a través de los núcleos del tálamo (que también reciben información de la amígdala) hacia una región amplia de la corteza cerebral.

Estudios con Tomografía de Emisión de Positrones (PET) apuntan la coexistencia de estas dos vías diferentes de procesamiento; los mismos resultados se han obtenido mediante Resonancia Magnética Funcional (IRMf).

Se ha observado que la amígdala desempeña

un papel fundamental en el procesamiento de las emociones. Holland y Garllagher (2004) señalan que la amígdala puede influir en las áreas corticales mediante tres vías: las de retroalimentación proveniente de señales propioceptivas, viscerales y hormonales (lo que permitiría al organismo prepararse para la acción, bien de orientación o de huida); las de proyección a redes de activación general o arousal (pudiendo poner al organismo en alerta y con ello captar con mayor nitidez los estímulos amenazantes) y la de interacción con la corteza prefrontal medial (lo que la llevaría a una orientación de los recursos atencionales hacia el estímulo emocional presente, limitando el resto de procesos cognitivos).

Por su parte la corteza prefrontal envía distintas proyecciones a la amígdala permitiendo a las funciones cognitivas (integradoras de la información del procesamiento del estímulo emocional y del contexto) regular el papel que juega la amígdala sobre las emociones.

En otras palabras, respondemos de forma brusca (respuesta de sobresalto y huida) ante la visión de un animal peligroso, como por ejemplo un oso (procesamiento emocional); pero no producimos estas reacciones cuando vemos el mismo oso detrás de una jaula, en el contexto de una tarde relajada de domingo durante una visita familiar al zoológico de la ciudad (procesamiento cognitivo).

Pero si hasta ahora hemos hablado de áreas especializadas, no hay que olvidar que el cerebro funciona con conexiones eléctricas y químicas, de estas últimas, las neurohormonas tienen un papel muy destacable en las emociones.

Además de las inervaciones directas entre estructuras cerebrales, que establecen comunicación entre ellas mediante impulsos eléctricos, hay que tener en cuenta que existe toda una red de conexiones, más difíciles de concretar, gracias a las sustancias químicas que sirven como medio de comunicación, a través de las conocidas como neurohormonas que también van a tener una gran influencia en la percepción, y expresión de emociones como la dopamina

- La dopamina suele estar asociada a la consecución del placer y el deseo sexual, activando el sistema nervioso simpático, necesario para los nuevos aprendizajes, basados en el deseo por conseguir el refuerzo. Altos niveles mejoran la motivación, el buen humor y el deseo sexual. Su inhibición produce desmotivación, indecisión, bajada de la libido e incluso depresión. Producido desde el área tegmental ventral llega hasta el núcleo acumbes, la amígdala, el área septal lateral, el núcleo olfatorio anterior, el tubérculo olfatorio y el neocórtex.

- La oxitocina, asociada a la empatía, el deseo sexual y a la conducta paternal, facilitando la formación de vínculos afectivos. Producido en el núcleo supraóptico y el núcleo paraventricular del hipotálamo hasta llegar a la hipófisis y de ahí al torrente sanguíneo.

- La adrenalina, incrementa el pulso cardíaco y la presión sanguínea, y prepara al organismo para situaciones de tensión, ya sean agradables o no. Altos niveles de adrenalina provocan fatiga, falta de atención, insomnio, ansiedad e incluso depresión. Bajos niveles provocan decaimiento y depresión.

- La noradrenalina, está implicada en los procesos de atención, aprendizaje, sociabilidad y sensibilidad a las emociones y deseos de los demás. Altos niveles provocan facilidad emocional, hipervigilancia y deseo sexual. Su inhibición produce falta de concentración, desmotivación, depresión, pérdida de libido y reclusión en uno mismo.

- La serotonina, asociada al apetito y al deseo

sexual, importante para la aparición del sueño, la coagulación de la sangre y la aparición de migrañas. Altos niveles producen calma y paciencia, sociabilidad y adaptabilidad. Una deficiencia de éste neurotransmisor puede provocar tristeza, ansiedad, irritabilidad, estallidos de ira, hiperactividad, fluctuaciones del humor, insomnio y depresión.

- La acetilcolina, afecta a la capacidad de retención de la memoria a corto plazo. Niveles altos facilitan el aprendizaje y la memoria. Su inhibición produce problemas de aprendizaje y memoria que pueden llevar a la demencia senil.

- GABA, ácido gamma-aminobutírico, responsable de la inhibición de buena parte del resto de los neurotransmisores, favoreciendo la relajación. Niveles altos provoca buena memoria, sedación y sueño. Su ausencia provoca dificultades para dormir, ataques de pánico y estados de ansiedad.

- Las endorfinas, pertenecientes al tipo de neurotransmisores opioides, moduladores del dolor, la temperatura, el hambre y la reproducción, también conocidas como las hormonas de la felicidad o la alegría. Bajos niveles provocan dificultades para sentir placer y felicidad, y anhedonia, haciendo a la persona más sensible ante los reveses de la vida.

Algunos autores han señalado a la aparición acumulada de dopamina y serotonina a la vez como las responsables de la aparición de la ira.

Con todo lo anterior se plantea una aproximación a la compleja red de conexiones por vía eléctrica y química de las distintas estructuras implicadas en la formación y el mantenimiento de las emociones, a las cuales el cerebro ha de atender para dar respuesta, para lo cual existen una serie de mecanismos denominados integradores, encargados de recibir y analizar "partes" de información para dar así una mejor respuesta.

El primer integrador y más conocido, es sin duda la corteza cerebral, que recibe la información procedente de la piel, músculos y órganos de los sentidos, y a partir de ahí toma las decisiones conscientes o automáticas para mantener un equilibrio. Igualmente, el alocórtex hipocámpico y el mesocórtex van a recibir inervación vegetativa además de información emocional, haciéndose cargo de producir efectos viscerales.

Origen de los problemas neuropsicológicos

En el ámbito de las emociones, tanto en cuanto a su estructura y funcionamiento, hay que tener en cuenta que esto se trata de su "normal" desarrollo.

Pero pueden existir multitud de factores que eviten que dicho desarrollo llegue "a buen término", en el caso de los trastornos del neurodesarrollo, o que una vez conseguidas desarrollar esas habilidades estas se pierdan con el paso del tiempo, especialmente en la tercera edad, o como consecuencia de algún traumatismo o enfermedad.

A continuación, se muestran dos ejemplos de cómo se van a   ver afectadas las habilidades y capacidades de la persona debido a las modificaciones "sufridas" en el cerebro.

Hay que tener en cuenta la estrecha relación entre el mundo psicológico y el cerebro, tal y como sucede en el caso de los traumas. Aunque los traumas infantiles han sido la base de muchas teorías psicológicas, empezando por las de Freud, todavía queda mucho por conocer al respecto.

Una de las limitaciones de estas teorías psicológicas basadas en los traumas infantiles es que se basa en el recuerdo de lo acontecido hace treinta, cuarenta o cincuenta años.

A medida que nos vamos desarrollando vamos

formando nuevas "capas" de experiencias en la vida que nos van moldeando como somos, y lo que hacemos, afectando a nuestras decisiones presentes y futuras.

En ocasiones podemos pensar que estas decisiones no son del todo "libres", ya que puede verse determinada de alguna forma por la vivencia de experiencias traumáticas del pasado, ya sea este próximo o en la infancia.

Una situación que con políticas adecuadas puede ser "controlada" sobre todo en la edad escolar, evitando que los pequeños sean víctimas de agresiones de sus compañeros.

Tratar de explicar el comportamiento de un adulto basado en aquello que le pasó, parece una propuesta bastante limitada; pero igualmente, ignorar los acontecimientos pasados, sobre todo si estos fueron traumáticos, puede ser desafortunado.

Investigaciones recientes muestran cómo el maltrato o la violencia en la infancia puede dejar "huella" en el comportamiento social, enturbiando y dificultando las relaciones íntimas con el otro sexo, pero ¿Cómo afecta al cerebro los traumas infantiles?

Esto es precisamente lo que ha tratado de averiguarse con una investigación realizadas conjuntamente desde la University Hospital Hamburg-Eppendorf, la University of Würzburg, la University Hospital Münster, el University Hospital Johann Wolfgang Goethe-University, el Johannes Gutenberg University Medical Center Mainz, el University Clinic of Wuerzburg, (Alemania) junto con el Karolinska Institutet (Suiza) cuyos resultados han sido publicados en la revista científica Social Cognitive and Affective Neuroscience Advance Acess.

En el estudio participaron 1158, de los cuales 325 fueron excluidos por presentar problemas familiares de salud mental, con lo que al final se manejaron datos de 833 adultos con una media de 25 años.

A todos ellos se les administró un cuestionario estandarizado para evaluar hechos traumáticos durante la infancia denominado Childhood Trauma Questionnaire (C.T.Q.), uno para evaluar los hechos traumáticos de los últimos doce meses a través del List of Threatening experiences (L.T.E.), un cuestionario para evaluar la presencia de problemas de ansiedad a través del Spielberger Trait Anxiety Scales (S.T.A.I.), y por último uno para comprobar la presencia de síntomas depresivos a través del General Depression Scale (A.D.S.-K.).

Igualmente se tomaron medidas morfológicas del cerebro a 129 de ellos seleccionados al azar.

Los resultados muestran que aquellos que han sufrido hechos traumáticos presentes o en la infancia van a mostrar significativamente más síntomas depresivos y ansiosos frente a los que no lo han sufrido.

Con respecto a la morfología cerebral, se hallaron diferencias en el córtex del cíngulo anterior, resultado esta significativamente más pequeña.

A pesar del importante número de participantes el estudio no informa de cuántos eran hombres y cuántas mujeres, ni separa los resultados en función del género, lo que no permite conocer si el género es una variable relevante en las consecuencias de los traumas infantiles.

Una de las limitaciones del estudio, es precisamente en la exclusión de los 325 participantes, lo que no permite conocer si afectan estos traumas infantiles en función de que se tengan antecedentes familiares con problemas de salud mental o no.

Hay que destacar que los traumas pasados y presentes tengan los mismos efectos tanto emocionales como cerebrales; aunque estos últimos no se producen en la amígdala, el centro de control emocional, tal y como cabría esperar, sino en el córtex del cíngulo anterior, encargado entre otros de regular la toma de decisiones, la empatía y las emociones.

Por tanto, se produce una alteración en la morfología que se puede traducirse en un cambio en la forma de relacionarse con los demás, todo ello además unido a la presencia de sintomatología depresiva y de ansiedad.

Basado en estos resultados, hay que evitar, en la medida de lo posible, los traumas infantiles, ya que, aunque no van a determinar el comportamiento adulto, si van a llegar a modificar su cerebro y la forma en que este procesa la información emocional.

Igualmente, el cerebro y las funciones cognitivas se pueden ver afectadas temporal o permanentemente por un traumatismo o una enfermedad, tal como sucede en el caso de la enfermedad de Párkinson.

La enfermedad de Parkinson cuando se encuentra en una fase avanzada es rápidamente reconocible por los temblores característicos, aunque hay que recordar que no todos los temblores que pueda experimentar una persona van a indicar que se padece una enfermedad de Párkinson.

Pero no es el único síntoma que se experimenta durante la enfermedad, ya que además va a ir acompañado de problemas del sueño, pérdida de la capacidad olfativa, dificultad para caminar o moverse, cambio de hábitos como al hablar o al escribir, rigidez en la expresión de emociones, ...

Estos síntomas van a ir siendo cada vez más fácilmente detectables a medida que va avanzando la enfermedad, y agravándose los que ya existe, lo que va a tener un efecto directo sobre la calidad de vida del paciente y de sus familiares, ya que el paciente cada vez va a ser más dependiente y va a requerir de un cuidado casi constante.

Muchas son los cambios observables, aunque hay otros de ámbito psicológico no tan evidentes, como la presencia de cambios del estado de ánimo, con predominancia de la depresión, e incluso puede presentarse en las fases más avanzadas lo que se denomina como demencia de Párkinson, donde van a producirse una serie de fallos de memoria, además de afectar al razonamiento, el lenguaje y a la manera de comportarse socialmente la persona. Todo ello no hace más que agravar la calidad de vida del paciente, pero ¿Cómo cambia el cerebro ante el

Párkinson?

Esto es precisamente lo que trata de estudiarse desde la Universidad de Módena y Reggio Emilia cuyos resultados han sido publicados en la revista científica Parkinson's Disease

En el estudio participaron 40 personas, 25 pacientes con la enfermedad de Párkinson diagnosticados desde hace 5 años, con una edad media de 60 años, y 15 personas de su misma edad sin la enfermedad.

A todos se les pasó por un registro con resonancia magnética funcional donde se escaneaba el cerebro en busca de diferencias morfológicas significativas de los cerebros de los pacientes con Párkinson frente a los sujetos control.

Los autores encontraron diferencias en cuanto al volumen de la sustancia gris del cerebro especialmente reducida en los pacientes de Párkinson en la corteza parienta derecha y en la estructura interna del cerebro, en el putamen, responsable de la vía motora y encargada de ejecutar los movimientos aprendidos.

Dos años después se volvió a realizar el mismo estudio con los mismos participantes para ver cómo habían cambiado sus cerebros, aumentando ahora la edad media a 62 años.

Se encontraron ahora además diferencias significativas en el núcleo pendilubio y en el núcleo pedunculopontino y la región motora del mesencéfalo.

Según los autores el observar cómo va afectando a nuevas áreas el avance de la enfermedad de Párkinson es un gran adelanto, ya que permite conocer también cómo tratarlo, pues actualmente se están desarrollando medicamentos que permitan detener el avance de la enfermedad, e incluso a largo plazo se plantean la posibilidad de hacer reversibles los efectos de la misma, y con ello alcanzar una verdadera cura.

El estudio a pesar de presentar resultados significativos claros, no permite concluir sobre la progresión de la enfermedad de Párkinson, ya que no se realizaron en paralelo evaluaciones sobre el cambio de la enfermedad a través de pruebas neuropsicológicas que permiten determinar en cuál de las cinco fases de la enfermedad se encuentra.

El escaso número de participantes hace que sea difícil extrapolar los resultados, ya que estos efectos podrían verse condicionados por el medio ambiente donde se desarrolla la persona, el tratamiento que recibe, la alimentación, ... variables no controladas que permiten extrapolar los resultados a otras poblaciones de personas afectadas con la enfermedad de Párkinson.

Igualmente, la observación solo de dos años en unos pacientes que llevan ocho sufriendo la enfermedad, hace que no se conozca si existían diferencias de partida entre los participantes.

Se sabe que la enfermedad va a ir avanzando, aumentando la gravedad de los síntomas y la incapacidad que provoca en el paciente con Párkinson, igualmente el estudio debería continuar para acompañar a los pacientes y observar qué nuevas estructuras se ven implicadas en la enfermedad.

Capítulo 2. Procesos Psicológicos y su funcionamiento

El tiempo de gestación media en humanos es de nueve meses, no es de los más largos dentro de los mamíferos, por ejemplo, los elefantes pueden llegar hasta los veintidós meses. Pero hay una característica distintiva de nuestros bebés, con respecto al resto del mundo animal, y esto es la dependencia que éste tiene para sobrevivir, la cual se extiende durante años.

La mayoría de los animales, nada más nacer son capaces de ponerse en pie sobre sus patas y andar, o de nadar sin ninguna dificultad cuando son acuáticos, pero, ¿Qué pasa con los humanos?

El bebé humano es uno de los más indefensos y dependientes, precisando de cuidado y atención hasta más allá de la pubertad antes de ser independiente y autosuficiente; el momento de dejar su casa, con un trabajo con el que mantenerse, es el que se podría equiparar al de la independencia de los animales, que en la mayoría lo hace sin que haya pasado mucho tiempo desde que nació, y en los humanos a veces se prolonga hasta los treinta años, pero ¿Por qué es esto así?

El cerebro es uno de los órganos que todavía no tiene totalmente formado el bebé en el momento de nacer, durante los primeros años de vida va a experimentar una serie de cambios tan importantes como son:

- Durante la etapa fetal entre el segundo y cuarto mes de vida, el cerebro ha sufrido un proceso de proliferación neuronal, seguido de otro de selección neuronal, donde se ha producido la apoptosis, es decir, una muerte neuronal programada, sobreviviendo únicamente la mitad de las neuronas que había. Tras ésta etapa, el cerebro va a mantener el número de neuronas durante el resto de su vida. Al menos ésta es la creencia que se tenía antes de descubrir la neurogénesis, es decir, la capacidad del cerebro de formación de nuevas neuronas, las cuales se pueden producir de forma ilimitada durante toda la vida incluso en las etapas adultas.

- El proceso de mielinización neuronal, el cual consiste en recubrir los axones neuronales, que es la parte encargada de conectarse con otras neuronas, lo que facilita la interconexión entre ellas. Éste proceso se lleva a cabo en momentos diferente según la región donde se produzca, así se inicia en las áreas primarias sensoriales y motoras, concluyendo aproximadamente en la pubertad con la mielinización de las áreas de asociación frontales y parietales.

- El incremento de las conexiones neuronales, facilitado precisamente por la mielinización, y que tiene mucho que ver con las experiencias que va viviendo el bebé, y que van a conformar su cerebro. La expresión "Los niños son como esponjas", pues lo absorben todo, habla precisamente de ésta capacidad de aprendizaje de un cerebro en formación que se nutre de todo tipo de información proveniente de su entorno.

- El aumento del tamaño del cerebro, que en el primer año de vida se ha duplicado y en el segundo año se ha triplicado con respecto al tamaño de la cabeza del bebé al nacer.

- La neuroplasticidad, en donde las neuronas que previamente son indiferenciadas, van especializándose en el procesamiento de un determinado tipo de información, estableciendo conexiones con sus "vecinas", conformando así las regiones de procesamiento especializado como el área visual, auditiva, sensitiva o motora.

Todo éste proceso de maduración cerebral va a irse produciendo de forma paulatina a medida que va desarrollándose el organismo.

Pero éste desarrollo a pesar de que tiene mucho de programación biológica, es decir, una base genética que va estableciendo los pasos por los que el cerebro va a ir pasando, puede estar facilitado o entorpecido, gracias a la estimulación materna, incluso durante el embarazo, al menos así lo afirma un estudio llevado a cabo por University of Helsinki (Finlandia), publicado en el Proceedings of the National Academy of Sciences, quienes estudiaron a treinta y tres mujeres, a la mitad de las cuales las hicieron oír repetidamente durante el día una pseudopalabra, es decir, una palabra inventada que no existe en su idioma, mientras que la otra mitad no escuchó nada nuevo.

Después del nacimiento al bebé se le evaluó empleando un electroencefalograma, que evalúa la actividad eléctrica del cerebro, encontrando que los bebés del primer grupo eran capaces de reconocer las pseudopalabras, lo que indicaría cierta capacidad de aprendizaje y memoria, con lo que a partir de este estudio se afirma de la importancia de la estimulación temprana en el desarrollo cognitivo, incluso antes del nacimiento, durante la gestación.

Se denominan procesos psicológicos a las distintas capacidades que exhibe una persona, y aunque existe una gran interdependencia entre ellas, se suele hablar de habilidades como la memoria, el lenguaje, o la atención entre otras.

- La Inteligencia

El concepto de inteligencia se ha analizado como unitario y estable en el tiempo, aunque en los últimos años se han replanteado teóricamente sus dimensiones.

De ahí que haya surgido el término de inteligencias múltiples, que hace referencia a diferentes dimensiones de la inteligencia, por ejemplo, la artística, la musical, la matemática, la social..., es decir, ahora y basado en esta aproximación, una persona puede tener una gran inteligencia musical pero no destacar en el resto de las inteligencias.

El concepto unitario de inteligencia permite hablar de un mayor o menor nivel, pero también de un nivel excesivamente elevado (genialidad) o reducido; en cambio, con la aproximación de inteligencias múltiples, se puede ser un genio en una de las áreas, pero ser "normal" e incluso mostrar deficiencias en alguna de las otras inteligencias.

A pesar de este cambio de concepción y análisis de las distintos modelos sobre la inteligencia, lo que parece que no se discute es sobre la estabilidad de la inteligencia a lo largo del tiempo, a pesar de lo cual se realizan grandes esfuerzos por parte de las instituciones educativas por aumentar el nivel de sus estudiantes, luego de alguna forma se espera mejorarlo con la educación, pero ¿Se mantiene el nivel de inteligencia a lo largo de la vida?

Al menos así lo intenta demostrar con un estudio realizado desde la Universidad Occidental del Illinois y la Universidad Loyola Marymount cuyos resultados han sido publicados en la revista científica Journal of Intelligence.

Los datos a analizar se extrajeron de un estudio longitudinal multifactorial procedente del Murray Research Archive, que analiza a los participantes durante 30 años, extrayendo los datos de 157 participantes cuando tenían 3-4 años, 11, 18 y 32 años.

A todos ellos se les ha administrado a lo largo del tiempo multitud de cuestionarios estandarizados, pero para el estudio únicamente se ha utilizado la información relativa a un cuestionario de altas capaciades denominado Q-sort Methodology, y el California Child Q-Set (CCQ) Item "High Intellectual Capacity", el desarrollo de habilidades académicas a través del

Wechsler Preschool and Primary Scale of Intelligence (WPPSI). Además, se tuvieron en cuenta otras variables como el sexo, el nivel socioeconómico y el educativo de los padres.

Los resultados muestran una relación significativa entre los niveles de inteligencia iniciales y los desarrollados en el tiempo, evaluados en el desempeño académico.

Aunque el estudio es claro en cuanto a la capacidad de predicción de la inteligencia, no entra a valorar el papel de la educación sobre la inteligencia y cómo tener un mayor o menor nivel educativo se corresponde o no con una mayor inteligencia, lo que validaría los esfuerzos desde las instituciones educativas, o lo pondría en cuestión si no se encuentra relación entre el nivel educativo y la inteligencia.

Igualmente el estudio se centra únicamente en la inteligencia académica, es decir, en la capacidad de responder adecuadamente a las demandas y exigencias de las instituciones académicas en cada uno de los niveles educativos, olvidándose de la aproximación dimensional que considera que se puede tener un rendimiento normal académico por una inteligencia normal en este aspecto, pero luego destacar, e incluso ser un genio en otros ámbitos como el artístico, el social,... que por no ser "útiles" para las instituciones educativas no se evalúan ni potencian todo lo que el estudiante podría necesitar.

- El lenguaje:

Una de las mayores dificultades de los trastornos psicológicos es determinar si existe o no carga genética, en su origen o empeoramiento.

La importancia de poder determinar el papel genético sobre estos trastornos permite diseñar tratamientos farmacológicos más precisos y eficaces, en cambio si el papel genético es pequeño o nulo, el tratamiento debe de ser sobre todo basado en la psicoterapia, salvo los casos más agudos, donde la medicación puede usarse para estabilizar a la persona.

Entre las alteraciones genéticas que se ha observado que afecta a la salud sobre todo el sistema inmunológico se encuentra el cromosoma 6, en concreto en los antígenos leucocitarios humanos, asociados a trastornos inmunes, presente en enfermedades como el autismo y la esquizofrenia, pero también se ha apuntado sobre la posibilidad de que afecte a otros trastornos en donde existe una alteración de la capacidad lingüística tanto de comprender como de producir correctamente el lenguaje, tal y como se ha observado en algunos casos del Trastorno por déficit de atención, entonces, ¿Existe algo genético en el Trastorno por déficit de atención?

Esto es precisamente lo que tratan de averiguar desde la Universidad de Oxford, el Hospital Infantil de Evelina, la Universidad de Edinburgh, la Universidad de Manchester, el King's College de Londres, la Universidad de Aberdeen, la Universidad de Tufts (Inglaterra), el Instituto de Psicolingúistica Max Planck y la Universidad de Radboud (Holanda) publicado recientemente en la revista científica Journal of Neurodevelopmental Disorders.

En el estudio participaron pequeños y familias que acudían a centros especializados y hospitales de atención infantil. A todos ellos se les realizó un análisis genético, excluyendo del estudio a los pequeños que sufrían autismo o cualquier discapacidad auditiva.

Igualmente se realizó la evaluación de tres pruebas lingüísticas, sobre palabras no repetitivas, denominado Nonword Repetition (NWR), evaluación la recepción del lenguaje denominado Receptive Language Scores (RLS) y la expresividad del lenguaje denominado Expressive Language Scores (ELS), estas dos últimas realizadas a través del cuestionario estandarizado denominado Clinical Evaluation of Language Fundamentals (CELF).

Los resultados informan de una relación significativa positiva de antígenos leucocitarios humanos con los NWR, mientras que esta relación es significativamente negativa con ELS, esto es la alteración de ésta carga genética va a tener una expresión en la capacidad lingüística de los menores que lo padezcan, alteración que por otra parte se ha observado más presente en los pequeños con Trastorno por déficit de atención, por lo cual las deficiencias lingüísticas de estos podrían explicarse por una alteración de base genética.

Los resultados a pesar de ser claros en sus conclusiones, sólo explican una mínima parte del trastorno por déficit de atención, un paso explicativo necesario pero insuficiente para comprender esta psicopatología, siendo necesario además incorporar las investigaciones relativas al tratamiento del mismo.

- La memoria:

Una de mayores incidencias cognitivas sobre

la vida es cuando se ve afectada la memoria de trabajo, ya que esto provoca grandes problemas a la hora de desenvolverse.

La memoria de trabajo es aquella que nos permite estar trabajando en el aquí y el ahora, recordando lo que tenemos que hacer, siguiendo un objetivo o tarea.

Si se lesiona la memoria de trabajo, la persona se puede encontrar totalmente "perdida", ya que inicia una actividad, como la de ir a comprar pan, y a mitad del camino se queda "en blanco" sobre a dónde iba y por qué.

Igualmente, cuando se lleva una conversación se requiere ese tipo de memoria, para seguir "el hilo" de la conversación, si se tiene dañada esta capacidad, pronto la persona se "perderá" y no sabrá de qué está hablando o repetirá los mismos argumentos por que no se acuerda de haberlos dicho antes.

La afectación de la memoria de trabajo se produce tanto desde el envejecimiento normal de la persona como desde algunas psicopatologías como es el caso del Alzheimer, pero también se pueden ver casos en jóvenes afectados con Trastorno de Déficit de Atención con Hiperactividad, donde algunos autores defienden que mejorando la memoria de trabajo, los niños con TDAH mejoran significativamente su capacidad de concentración y de atención sostenida, pudiendo mantener unos niveles de desempeño similares al resto de sus compañeros.

Como vemos es importante conocer en qué consiste, pero sobre todo si se puede entrenar satisfactoriamente cuando se ha observado que empieza a fallar.

Eso es precisamente lo que ha tratado de averiguar con un estudio realizado conjuntamente por la Universidad de Oregón, la Universidad Técnica de Louisiana, la Universidad de California y el Instituto Tecnológico de Rose-Hulman (USA) y publicado recientemente en Journal of Behavioral and Brain Science.

En el estudio participaron 30 jóvenes, entre 18 y 31 años, a los que se les administraron dos evaluaciones, antes y después del enteramiento.

Todos estos experimentos se realizaron poniendo al sujeto frente a la pantalla del ordenador mientras se le pedía que realizase una tarea que implicaba la memoria de trabajo.

En la fase de entrenamiento únicamente participaron la mitad de los sujetos a los que se les entrenó durante dos horas al día durante 12 semanas.

Al final de estas fases, todos los participantes, con y sin entrenamiento, pasaron por la evaluación de la transferencia para comprobar si había diferencias entre ellos.

Los resultados informan de que no se produjeron diferencias entre los dos grupos en el primer experimento, mientras que en la fase de evaluación de la transferencia mostraron importantes mejoras en el grupo que recibió entrenamiento específico sobre la memoria de trabajo.

Además de las medidas conductuales la investigación recogió la actividad eléctrica del cerebro mostrando cómo los participantes entrenados tenían una mayor actividad en las áreas prefrontales del cerebro, precisamente donde se ha observado que está involucrada la memoria de trabajo.

Aunque el estudio se ha realizado con pocos participantes, parece señalar claramente sobre los beneficios esperables al mejorar significativamente la memoria de trabajo en tan solo 24 horas de entrenamiento.

Igualmente queda adaptar los materiales empleados a las distintas poblaciones en las que se quiere aplicar, para poder así garantizar su eficacia tanto en jóvenes como en mayores.

A pesar de lo cual es un gran avance, el saber que con un "pequeño" entrenamiento se puede recuperar una capacidad cognitiva tan importante y fundamental en nuestro día a día como es la memoria de trabajo.

- La atención:

Los pequeños con TDAH muestran mayor actividad a la vez que una menor atención, es importante saber qué funciones están afectadas para tratarle adecuadamente.

Los niños ya desde edades muy tempranas pueden mostrar un comportamiento que rápidamente los identifica como inquietos, revoltosos e intranquilos, con facilidad para distraerse, en incluso con dificultad para aprender por no poderse estar quietos y atender en clase, lo que normalmente desespera a profesores e incluso a los padres; cuando éste comportamiento se convierte en una situación crónica y mantenida en el tiempo puede que estemos antes un caso de trastorno por déficit de atención, el cual se puede acompañar de hiperactividad o no, definiéndose en cada caso como TDAH (trastorno por déficit de atención con hiperactividad) o TDASH (trastorno por déficit de atención sin hiper-actividad).

El TDAH se caracteriza por mostrar comportamientos compulsivos, interrupciones en las conversaciones, sin dejar terminar a la otra persona de hablar, con habla excesiva, sin respetar los turnos al hablar ni en el juego, no para de levantarse y correr, y cuando está sentado mueve constantemente los pies.

El TDASH se caracteriza por tener dificultades para atender y seguir instrucciones, no terminar las tareas encomendadas, falta de organización en sus tareas, con pérdidas frecuentes de sus pertenencias por no atender donde las dejó, y con facilidad para distraerse con cualquier ruido.

Éste trastorno, aunque se desconoce su causa, suele "desaparecer" gracias al proceso madurativo, aunque en un pequeño porcentaje se mantiene en la vida adulta. Además, las personas que lo padecen van desarrollando estrategias "compensatorias" de forma natural que permiten un normal desempeño en su vida tanto académica como laboralmente.

A pesar de ello, puede ser fuente de conflicto y una carga emocional para los pequeños tanto en el ámbito escolar como en la casa, por lo que la detección temprana es fundamental para poder establecer el diagnóstico adecuado y diseñar el tratamiento específico que el ayude a superar la situación.

Dentro de la categoría de TDAH se pueden a su vez subdividir en tres categorías, TDAH predominantemente inatento (TDAH-I), TDAH predominantemente hiperactivo (TDAH-H); y TDAH combinado entre inatento e hiperactivo (TDAHC).

A pesar de los grandes avances que se han realizado, todavía quedan muchos "flecos" por conocer del TDAH, como por ejemplo la cuestión del Ejecutivo Central, como posible causa explicativa de la inatención. El Ejecutivo Central asociado a los lóbulos frontales, hace referencia a la capacidad de la persona de establecer y seguir metas, diseñar y organizar planes, anticipar resultados, todo por lo contrario por lo que se caracteriza un niño con TDAH-I.

Un reciente estudio llevado a cabo por la Universidad Normal del Este de China (China) y la Universidad de Kyushu (Japón) publicado en Journal of Behavioral and Brain Science aborda ésta cuestión para tratar de comprender la relación entre el Ejecutivo Central y el TDAH-I.

En el estudio participaron 16 niños diagnosticados con TDAH-I, los cuales no habían recibido medicación en los tres meses anteriores, comparado con otros 21 niños de la misma edad sin ninguna patología que funcionaba como grupo control.

El Ejecutivo Central se evaluó en sus cuatro dominios diferentes: planeación, memoria de trabajo, flexibilidad y respuesta de inhibición, mostrando unas diferencias significativas los resultados de los niños con TDAH-I frente a los del grupo control, en planeación y memoria de trabajo e inhibición, pero los resultados de la flexibilidad no resultaron diferentes.

Esto quiere decir que los niños con TDAH-I tienen cierta inmadurez en el Ejecutivo Central, ya que necesitan mucho más tiempo que el resto en establecer una planeación de funciones, que en muchas ocasiones no llegan a terminar; igualmente se "pierden" con facilidad, "olvidándose" de lo que estaban haciendo, lo que les dificulta que puedan cumplir sus propios planes o las instrucciones de los demás, debido a un escaso rendimiento en la memoria de trabajo; y por último tiene una escasa capacidad de inhibición, lo que implica que cualquier estímulo que se presente va a captar su atención, ya que tiene poca "voluntad" de concentrarse y omitir atención a otros estímulos.

Éste estudio abre una vía de trabajo para poder distinguir mediante pruebas específicas entre los distintos tipos de TDAH, y en función de eso poder establecer un tratamiento adaptado; igualmente conocer en qué áreas muestra carencias el pequeño permite diseñar intervenciones concretas para paliar o compensar sus carencias, sobre todo en los dominios donde muestran menor "desarrollo" del Ejecutivo Central, de forma que pueda desarrollar una actividad "normal" y mostrar así un desempeño como el resto de sus compañeros.

- La emoción:

Las emociones influyen a diario en nuestra forma de pensar y actuar, es por ello que la intervención terapéutica se centra en tratar de cambiarlas.

Desde que se descubrió el sistema PNIE, psiconeuroinmunoendocrino, en donde se conoce la relación entre los distintos sistemas del organismo, donde lo psicológico va a tener una influencia directa en las neuronas, en el sistema inmune y en el endocrino; e igual le pasa desde los otros sistemas hacia lo psicológico. A partir de los descubrimientos con respecto al sistema PNIE se ha podido adentrar en el entendimiento del origen y tratamiento de determinadas enfermedades a las que hasta ahora no se tenía un diagnóstico claro, como en el caso de las enfermedades psicosomáticas.

El componente psicológico está formando tanto por la forma de pensar, sentir y actuar, las cuales a su vez están interrelacionados, de ahí que nuestra forma de pensar influye en nuestra forma de sentir y actuar, e igualmente sucede desde el mundo de las emociones y su relación con las otras dos, pero ¿hasta qué punto se pueden modificar las emociones para afectar a la forma de pensar?

Esto es precisamente lo que trata de averiguarse desde la Universidad de Leuven (Bélgica) recientemente publicado en la revista científica Frontiers in Psychology.

En el estudio participaron 63 alumnos universitarios, los cuales tuvieron que superar una prueba estandarizada Checklist for Symptoms in Daily Life (CSD), además no tenían que tener ningún diagnóstico físico o psiquiátrico, ni estar tomando medicamentos como ansiolíticos, antidepresivos o betabloqueadores.

Los participantes tenían que ver unas imágenes las cuales debían de clasificarlas según sus emociones, en positivas o negativas. Además de realizar la tarea encomendada, se evaluó la frecuencia cardíaca, y se les pasó un cuestionario de auto-control.

Los resultados informan sobre un cambio significativo de los pensamientos, al pasar por una condición de manipulación de las emociones de los participantes.

Los autores destacan la facilidad con la que se cambian las emociones y que eso repercute rápidamente en la forma de pensar y con posterioridad en las conductas. Esto tiene una aplicación directa en el campo de la psicoterapia donde se puede trabajar con las emociones de las "etiquetas" de salud, y con ello combatir las enfermedades psicosomáticas.

Sin llegar a estos extremos, ya Víctor Frank quien desarrolló la logoterapia, apuntaba sobre el cambio de vida de la persona con un cambio de dialogo, que se va interiorizando y que cambia la forma de pensar.

A pesar de las evidentes diferencias entre el trabajo de investigación y la psicoterapia basado en la palabra como en el caso de la logoterapia de Víctor Frank, el estudio valida las bases del segundo, ya que en ambos casos se trata de que las palabras, modificadas de forma positiva, cambien la forma de pensar y sentir del paciente.

- La percepción:

Hay que tener en cuenta que muchas de las habilidades anteriores dependen mucho de los estímulos externos recibidos, es por ello que si la persona tiene problemas de percepción esto le va a entrañar cierto nivel de incapacidad a la hora de procesar correctamente su mundo y de responder al mismo.

Hoy en día se han realizado grandes avances desde la ingeniería y la mecánica para diseñar e inventar aparatos que suplan determinadas carencias al respecto, que van desde las muletas, hasta los brazos biónicos, pasando por los audífonos o los implantes cocleares.

Todos ellos tratan de ofrecer una mejor "experiencia" sensorial, de forma que suplanten las carencias al respecto y que la persona pueda llevar una vida lo más normal posible.

Así cuando pensamos en la sordera, un problema muy habitual en los mayores podemos pensar que es problema un sin importancia, pero que como veremos a continuación tiene importantes implicaciones emocionales, ya que, en una sociedad basada en la comunicación, parece que la sordera puede resultar más que un inconveniente.

La pérdida de la audición es un problema frecuente en los ancianos, pero también entre los jóvenes que se ven expuestos a sonidos demasiados altos; igualmente entre las causas de la sordera están las genéticas.

Actualmente estamos continuamente bombardeados por sonidos provenientes de distintas fuentes, ya sea de otros vehículos al conducir, de la televisión al presentar las noticias, o de otra persona que intenta decirnos algo.

Tal es así que hay ciudades consideradas como las más ruidosas, donde incluso se hace difícil separar el ruido de las palabras de una conversación, pero ¿Qué pasaría si no tuviésemos acceso a ese sonido?

Esto que hace años se hubiese considerado un trauma, actualmente y gracias a los avances se considera un problema a superar.

El lenguaje de signos ha permitido mantener la comunicación con los demás, para poder expresar lo que uno siente, piensa o quiere, lo que de otra forma supondría un gran problema de aislamiento, pero

¿Qué consecuencias emocionales tiene la sordera?

Esto es lo que se ha tratado de responder con una investigación realizada por el Department of Psychology, Göteborg University (Suecia) cuyos resultados han sido publicados en la revista científica Clinical and Experimental Psychology.

En el estudio participaron cincuenta y tres adultos, treinta y tres de ellos eran sordos y el resto con dificultades auditivas, de los cuales cuarenta y dos eran mujeres, con una edad media de 42 años.

Para evaluar la presencia de problemas emocionales se empleó una escala estandarizada denominada Positive Affect Negative and Affect Scale (P.A.N.A.S.), para evaluar el nivel de estrés se empleó el Stress and Energy (S.E.) y para evaluar el nivel de autoestima se usó el Rosenberg's Self-esteem Scale (S.E.S.).

También se recogieron datos sociodemográficos de los participantes, el nivel de educación o el consumo de tabaco o alcohol entre otros.

Los resultados muestran que según la evaluación de la salud mental siguiendo los criterios del D.S.M.-V., el 43% de los participantes sufrían Trastorno de Depresión Mayor; el 33% Trastornos de Ansiedad; el 33% sufrían Traumas relacionados con

estresores; el 21,4% Trastorno de Déficit de Atención; el 12% Trastorno Obsesivo Compulsivo; el 7%
Personalidad Esquizotípica; y el 21% Trastorno del
Espectro Autista; comprobándose que en el 5% de
los participantes se producía adicción a sustancias.

Hay que señalar que las sumas de los diagnós-
ticos anteriores superan el 100%, ya que estos no
son excluyentes, pudiéndose presentar en la misma
persona, por ejemplo, el Trastorno de Depresión
Mayor y el Trastorno de Ansiedad.

En total el 42% de los participantes sordos o
con dificultades auditivas mostraron más de una psicopatología.

Con respecto de la evaluación de las escalas y
cuestionarios, se obtuvo que la autoestima y el nivel
de energía pueden predecir la presencia de pa-
tologías asociadas a la emoción.

Una de las limitaciones es en cuando a la ex-
posición de los resultados, no haciendo distinción
entre los que eran sordos y los que tenían dificultades de audición.

Cabría esperarse que a mayores dificultades
auditivas mayores problemas psicológicos, pero al
no realizar dicha distinción no se puede concluir al
respecto.

No se han tenido en cuenta los criterios de integración que pueden estar afectando al estado de ánimo del participante; esperándose que las personas sordas integradas tengan menores problemas psicológicos que las no integradas, aspecto que tampoco se ha podido comprobar en este estudio.

A pesar de las limitaciones del estudio, se ha comprobado como este colectivo es especialmente sensible a padecer problemas psicológicos, sobre todo los relacionados con el estado de ánimo.

Considerando que, en los centros especializados de tratamiento de los problemas de audición, y centros de integración, donde deberían de conocer alguno de los síntomas principales de estas psicopatologías, para derivar a sus miembros al profesional de la salud cuando los detectasen.

Igualmente, cabría esperar que se diseñasen programas de prevención entre este colectivo, para que puedan tener una mejor calidad de vida, sin complicaciones psicopatológicas.

Hay que tener en cuenta que, a pesar de haberse presentado estas capacidades cognitivas de forma separada, se produce una interdependencia entre las mismas.

Capítulo 3. Alteraciones de las funciones cognitivas y evaluación

Tal y como se ha planteado en el punto anterior, los procesos psicológicos están distribuidos a lo largo del cerebro, e implican la deslocalización de los mismos. Aunque existen determinadas áreas que juegan un papel destacable y sin las cuales se produce un "daño" en dicha función.

Estas alteraciones en las funciones cognitivas pueden provenir tanto de un desarrollo madurativo del cerebro inadecuado, que impida que dicha capacidad alcance toda su potencialidad, como por un deterioro posterior.

Este deterioro puede producirse de forma progresiva, por ejemplo, en la vejez o debido a una enfermedad como la del Alzheimer, o producirse de forma instantánea, en el caso de un traumatismo craneoencefálico.

En todos los casos debe de ser evaluada la función cognitiva de la que se tiene sospecha de estar afectada para determinar si efectivamente está dañada o no, y en función del resultado establecer el tratamiento oportuno.

- La alteración de la inteligencia:

Un reciente estudio trata de analizar las diferencias en las habilidades sociales existentes en pequeños con autismo que además tienen síndrome de Down.

Uno de los problemas más importantes para pediatras y padres es saber reconocer si el pequeño está teniendo un desarrollo normal o no en comparación con otros niños de su edad.

Pueden ser muchas las circunstancias que provocarían deficiencias en el desarrollo del menor, algunas de ellas que parecen solucionarse por sí solas a medida que el pequeño crece y otras que requieren de intervención del especialista tanto para su diagnóstico como para su tratamiento.

Cuando además de la presencia de deficiencias, ya sea en el desarrollo motor, intelectual o de las habilidades comunicativas, si estas van acompañadas de ciertos rasgos físicos característicos pueden dar indicios de estar ante un pequeño con síndrome de Down, diagnóstico que además de sus características destacables puede ser rápidamente diagnosticado por la presencia de una alteración genética en el par 21 donde tiene un cromosoma extra, de ahí que también se le denomine trisomía 21.

Pero que se sufra este tipo de alteración cromosómica, con todas sus consecuencias físicas y del desarrollo, no evita que pueda padecer en el mismo porcentaje que la población otras alteraciones y trastornos, ya sea del desarrollo u de otro tipo.

La dificultad radica precisamente en saber distinguir qué sintomatología corresponde al síndrome de Down y cuáles a otro trastorno, sobre todo cuando este es del desarrollo, donde su característica principal es precisamente un enlentecimiento en el avance de las habilidades de control de la motricidad fina, del lenguaje, de las capacidades cognoscitivas, o del control de las pocas emociones, tomándose como punto de comparación a los pequeños de su misma edad, pero ¿Puede presentarse en el mismo pequeño el autismo y el síndrome de Down?

Esto es precisamente lo que trata de estudiarse desde el Hospital Alto Deba, el Hospital Donostia y la Fundación CITA-Alzheimer Fundazioa (España) cuyos resultados han publicados en la revista científica Journal of Neurodevelopmental Disorders.

Tal y como se ha comentado en la introducción, la dificultad de detectar la presencia de ambos trastornos a la vez, estriba en que hay que saber distinguir a cuál de los dos se corresponden los síntomas que muestran los pequeños.

En este caso del síndrome de Down puede que alguno exhiba además de sus rasgos típicos, cierto retraso en el desarrollo del lenguaje y social, lo que puede pasar totalmente desapercibido debido a que muestra retrasos en otras habilidades también, lo que puede estar encubriendo además el padecimiento de un Trastorno del Espectro Autista.

Tal es la dificultad de este segundo diagnóstico que los autores del estudio afirman que no existe hoy en día estadística al respecto sobre la presencia de ambos trastornos del desarrollo presentados a la vez, a pesar de ello han diseñado un estudio para tratar de distinguir los síntomas de uno u otro.

En el estudio participaron 46 personas entre 10 a 21 años, 26 mujeres y 20 varones todos ellos diagnosticados con Trisomía 21, es decir síndrome de Down y específicamente se escogieron aquellos que no tuviesen diagnosticado Trastorno del Espectro Autista.

A todos ellos se les pasaron una serie de cuestionarios como la escala de receptividad social denominada Social Responsiveness Scale (SRS) donde los cuidadores evalúan el nivel de implicación social de los pequeños, el cuestionario de desarrollo social denominado Social Communication Questionnaire-Lifetime (SCQ), para el desempeño social mediante el lenguaje no verbal se usó la Escala Internacional de Ejecución de Leiter denominado Leiter International Performance Scale-Revised (Leiter-R), una prueba de vocabulario denominado Peabody Picture Vocabulary Test, Fourth Edition (PPVT-4).

El hecho de pasar una prueba propia del Trastorno del Espectro Autista a alguien que no lo tiene permite conocer qué ítems y escalas de la prueba van a mostrarse en la población de los diagnosticados con síndrome de Down y cuáles no.

Son precisamente estos segundos los que van a permitir establecer un diagnóstico en los nuevos casos, ya que, de presentarse, se puede decir que además se está sufriendo un Trastorno del Espectro Autista.

Los resultados más destacables muestran resultados significativos en dos subescalas del SRS en concreto en lo que se refiere a cognición social y a manierismos, siendo este segundo, movimientos repetitivos como balanceo, luego según los autores son estos los síntomas más importantes a tener en cuenta a la hora de evaluar la presencia del Trastorno del Espectro Autista en pequeños con síndrome de Down.

En el estudio hay un reducido número de participantes y el rango de edad tan amplio usado, lo que hace necesaria una nueva investigación con más sujetos antes de poder llegar a una conclusión válida.

Igualmente, la edad mínima de los participantes de 10 años hace que no se pueda emplear como herramienta diagnóstico útil del Trastorno del Espectro Autista, ya que cuanto antes se detecte este antes se puede intervenir.

- La alteración del lenguaje:

Cuando uno piensa en la enfermedad de Alzheimer lo hace en los problemas de memoria, pero estos no son los únicos síntomas que surgen durante las primeras etapas de la enfermedad y que tienen que ser igualmente atendidos.

Si bien los primeros síntomas del Alzheimer, suelen confundirse con los provocados por el paso del tiempo, sobre todo cuando estos aparecen a edades avanzadas, existen herramientas especialmente diseñadas para la detección de esta sintomatología, tanto mediante registro observacional de sintomatología externa, como en tareas de ejecución.

Todos estos datos son comparados con los resultados poblacionales previos, es decir, con la población "normal", para comprobar si la persona presenta síntomas propios de su edad, o son debidos a otros factores a explorar en profundidad.

Un análisis más detallado permite corroborar o descartar el diagnóstico de la enfermedad de Alzheimer.

El problema, es que los síntomas provocados por la enfermedad, en las primeras etapas son tan leves que apenas provocan malestar en el paciente, ni "quejas" en sus familiares, por lo que escasamente acuden a consulta para ser revisados por el especialista.

Entre esta sintomatología están los relacionados con el discurso, cuyas características afectadas por la enfermedad de Alzheimer son, un escaso mantenimiento de la temática de conversación, con uso de datos muy superficiales y sin detalles; continuos errores cuando se emplean referencias del pasado, con interrupciones en el hilo conductor; repeticiones, circunloquios (decir muchas cosas dando vueltas a una idea principal) y rectificaciones en el discurso.

Esta sintomatología, aunque no es exclusiva de los pacientes con enfermedad de Alzheimer sí va a influir en la calidad de sus relaciones, al no poder mantener un nivel de comunicación adecuado, haciendo en algunos casos que sus interlocutores pierdan el interés por hablar con alguien que no es capaz de responder adecuadamente, facilitando y fomentando de esta forma el aislamiento del paciente, pero ¿Se pueden mejorar estos primeros síntomas del Alzheimer?

Esto es lo que han tratado de averiguar conjuntamente desde la Universidad de Nebraska Omah y la South Alabama (EE.UU.) cuyos resultados han sido publicados en la revista científica International Journal of Alzheimer's Disease.

En el estudio participaron cinco adultos, que llevaban más de cinco años sufriendo la enfermedad de Alzheimer, con una puntuación entre 5 y 6 en la escala de deterioro estandarizado, Global Deterioration Scale (GDS); mostrando todos dificultades en el discurso según los resultados obtenidos con la prueba estandarizada denominada Arizona Battery of Communication Disorders of Dementia (ABCD).

La intervención se realizó mediante sesiones de 20 minutos en un contexto de conversación de forma que se:

- Remarcaron las ideas relevantes de la conversación

- Se realizaron preguntas de si/no para reestructurar las oraciones

- Indicando la información que falta a la vez que se remarca la idea principal de la conversación

- La indicación de palabras o frases que no corresponden en el contexto para su eliminación

Todo ello remarcado por el lenguaje gestual.

Los resultados comparados entre los datos de coherencia obtenidos mediante el Glosser and Deser y el healthy elderly (HE), antes y después de la intervención muestran notables mejorías en cuanto al discurso, tanto en su calidad como en su fluidez.

El diseño, a pesar de obtener resultados significativos, carece de un grupo control de comparación, ya que las evaluaciones pre y post, pueden verse afectada por una variable no controlada, como es la atención propia del experimento; por lo que sin tener un grupo control es difícil poder dar como válidos los resultados.

En el estudio se emplea un escaso número de participantes, por lo que las conclusiones, a pesar de parecer claras deben de ser corroborados por nuevas investigaciones en donde se incluya un mayor número.

Igualmente hay que tener en cuenta que se trata de una intervención para paliar los síntomas provocados por la enfermedad de Alzheimer, y no tanto un intento de buscar algún tipo de cura, es decir, esta intervención por sí sola, no va a detener el avance de la enfermedad, por lo que requerirá del uso conjunto de otras intervenciones, incluida para ello la psicofarmacológica.

A pesar de lo anterior, una intervención tan simple como la expuesta puede ayudar y mucho a corregir los primeros síntomas del Alzheimer, ofreciendo con ello un mayor tiempo de calidad de vida al paciente, permitiéndole mantener un nivel de comunicación normal con sus allegados y amigos.

Técnicas que son muy similares a las empleadas en pequeños con retraso del desarrollo, como en el caso del Autismo, algo que se lleva usando durante años con muy buen resultado.

Una vez superadas las limitaciones comentadas del estudio, se puede establecer un diseño de intervención simple y sencillo, que puede ser aprendido en centros de rehabilitación por los familiares, para que estos lo usen en sus propios domicilios con el paciente, y con ello que optimicen la intervención en el mismo.

- La alteración de la memoria:

Muchas son las consecuencias de sufrir un Trastorno del Espectro Autista, aunque la principal es en la capacidad de comunicación.

El Trastorno del Espectro Autista es un trastorno del desarrollo que impide que el pequeño vaya adquiriendo las capacidades y habilidades propias de su edad, provocando un retraso en el desarrollo con respecto a sus semejantes.

Retraso que se va a mantener en el tiempo, incluso en la edad adulta, si no se realizan intervenciones correctoras oportunas.

El principal foco de atención de la investigación ha sido la infancia, como momento crítico en el que detectar los primeros síntomas del TEA, así como para diseñar e implantar programas de intervención dirigidos a reforzar el desarrollo de habilidades comunicativas y con ello corregir las deficiencias que pudiesen presentar.

A pesar de ello, se sigue investigando para tratar de comprender cómo va a afectar este trastorno el resto de la vida del paciente.

Tal y como se ha dicho anteriormente, se espera que, si algo no se ha desarrollado adecuadamente durante la infancia, ya sea la capacidad comunicativa u otra, se esperaría observar estos mismos problemas durante la edad adulta, entonces ¿Se ve afectada la memoria en pacientes adultos con Autismo?

Esto es precisamente lo que se ha tratado de averiguar desde la Universidad de la Ciudad de Londres, cuyos resultados se acaban de publicar en Autism Research.

En el estudio participaron treinta y seis personas, 9 mujeres y 27 hombres, entre los 20 a 62 años. La mitad de ellos tenían el diagnóstico de Trastorno del Espectro Autista, actuando el resto como grupo control, al tener un desarrollo "normal".

Todos los participantes tuvieron que pasar por una evaluación del desarrollo verbal a través de las pruebas estandarizadas Verbal IQ (VIQ), Performance IQ (PIQ) y Full-scale IQ (FIQ); y una prueba de inteligencia mediante el Wechsler Adult Intelligence Scale (WAIS-III).

El grupo de los pacientes con Trastorno del Espectro Autista, además fueron reevaluados con el Autism Diagnostic Observation Schedule (ADOS).

Todos los participantes tuvieron que pasar por unas pruebas a través del ordenador donde se les presentaban estímulos y ellos debían de responder según la instrucción de cada prueba.

Los resultados muestran una peor ejecución entre los participantes con Trastorno del Espectro Autista comparado con el grupo control, en todas las pruebas de memoria realizadas.

Igualmente se observa una disminución progresiva del desempeño de las pruebas de memoria en el grupo control a medida que avanza la edad de los participantes, siendo esta cada vez peor. Evolución que no se encuentra en el grupo de las personas con diagnóstico de Trastorno del Espectro Autista.

Se produce una equiparación de los resultados del grupo control en edades avanzadas, con los resultados de los participantes con Trastorno del Espectro Autista.

Con esta información se pueden desarrollar programas de intervención en el reforzamiento de estrategias de memoria, incluso en adultos con Trastorno del Espectro Autista, ya que las deficiencias, si no se corrigen, van a mantenerse a lo largo del tiempo.

A pesar de los evidentes resultados, hay que tener en cuenta que se han obtenido de un ambiente "artificial", como es un laboratorio conductual, donde se ponen a prueba las capacidades de memoria en unas circunstancias muy concretas, sabiendo que en la vida "normal", se utilizan muchas más claves, por ejemplo, a través de las anotaciones en cuadernos o gracias a los teléfonos inteligentes, que pueden ayudar a compensar las deficiencias de memoria, pudiendo desarrollar una vida como los demás.

Reseñar también que existe una gran desproporción en cuanto al número de mujeres que han participado en el estudio, por lo que se precisaría de nuevas investigaciones que contemplasen el análisis de las diferencias entre género, antes de concluir sobre esta cuestión.

- La alteración de la atención:

Una de las mayores preocupaciones de los padres con hijos con TDAH es saber si aquello le va a marcar en su futuro.

Muchas son las dudas que surgen, ya no sólo sobre el tratamiento que deben de seguir, sino sobre las secuelas o consecuencias futuras si es que las hubiese.

La bibliografía recoge que los adultos con TDAH son más proclives a sufrir depresión o ansiedad, con deficiencias en las relaciones sociales de calidad, la salud e incluso la autoestima. Fenómenos que todavía no son bien comprendidos, por lo que es importante seguir estudiando al respecto.

Igualmente se recoge cómo disfunciones presentes durante los primeros años e incluso en la infancia desaparecen con el tiempo, gracias al proceso madurativo del cerebro que le permite corregir algunas deficiencias existentes.

Uno de los fenómenos que mejor se conocen con respecto a la atención es la facilitación y el de supresión:

- Con la clave correcta, se produce una reducción del tiempo de respuesta, ya que el cerebro puede anticipar correctamente la respuesta, dándose la facilitación.

- Con la clave incorrecta, se produce un aumento en el tiempo de respuesta, ya que el cerebro anticipa una solución no correcta que debe de rectificar, tardando más en éste proceso, dando lugar a la supresión, pero ¿Qué pasará con los adultos con TDAH?, ¿Se manejarán con las mismas claves atencionales?

Para responder a éste pregunta el Hampshire College (EE.UU.) ha realizado un estudio donde analiza las consecuencias sobre la atención de adultos con TDAH.

En el mismo participaron 25 adultos con TDAH diagnosticado, frente a otros 25 sin ninguna psicopatología que actuaban como grupo control.

Para evitar los efectos de los medicamentes que pudiesen tomar los adultos con TDAH se les hizo la prueba tras, como mínimo 18 horas después de su administración, con lo que se descarta cualquier efecto favorecedor o de interferencia por parte de la medicación para TDAH.

El experimento consiste en responder a una tarea atencional donde se le presentaban en la pantalla flechas indicando dónde aparecería el estímulo a señalar lo más rápidamente posible, con la posibilidad de que apareciese también un distractor o señal que no debía de responder. A la vez que realizaban la tarea se les registraba su actividad eléctrica cerebral.

Los datos informan de una ejecución "normal" en ambos grupos, tanto en la facilitación como en la supresión, en tareas atencionales, tanto en su ejecución como en la actividad eléctrica del cerebro.

Algo que se había observado en niños con TDAH, que se producía un déficit en la atención.

Todo ello apoya la idea de que el proceso madurativo, por lo menos para algunas tareas, parece ejercer un fuerte papel corrector, no dejando secuelas en la vida del adulto.

- La alteración de la emoción:

En ocasiones se conocen más las enfermedades por las consecuencias en sus fases avanzadas, tal y como sucede con la enfermedad del Párkinson.

Al ser el Párkinson una enfermedad neurodegenerativa con el tiempo, los efectos se van a ir poco a poco agravando, avanzando desde los primeros síntomas del Estadio I, con ligeros movimientos en sola una parte del cuerpo, arrastrando un poco los pies, empezando a mostrarse los primeros síntomas de rigidez. En el Estadio II empieza a inclinarse la persona hacia adelante, se empiezan a producir alteración del equilibrio y con dificultades para iniciar movimientos (bradicinesia). En la fase III y IV se complican los síntomas dificultando el equilibrio y en el andar. Hasta llegar a la última fase del Estadio V, en donde la dependencia es máxima necesitando a una tercera persona para realizar cualquier actividad de la vida cotidiana, pasando la persona buena parte de su tiempo sentado o tumbado debido a sus temblores constantes.

A medida que la enfermedad avanza las opciones del tratamiento del párkinson se reducen, empezando por el tratamiento farmacológico y rehabilitador hasta el quirúrgico. De entre estos últimos se pueden distinguir entre las reversibles como la estimulación cerebral profunda, frente a las irreversibles, que incluye cirugía en donde se intervienen ciertas partes del cerebro.

Sobre estas intervenciones quirúrgicas la palidotomía es la más común, donde se realiza una incisión en el globo pálido del cerebro, intervención que por otro lado se ha observado que tiene consecuencias emocionales en los pacientes intervenidos, luego ¿La intervención quirúrgica en el cerebro del paciente con Parkinson acarrea cambios emocionales?

Esto es precisamente lo que trata de averiguar una reciente investigación desde el Hospital de Santa María (Portugal) publicado recientemente en la revista científica Parkinsonism & Related Disorders.

En el estudio participaron 30 pacientes a los cuales se les realizó una intervención quirúrgica para tratar las fases avanzadas del párkinson.

A todos ellos se les realizó un estudio previo y un seguimiento de un año tras la intervención en donde tenían que responder a un cuestionario estandarizado para detección de emociones denominado Comprehensive Affect Testing System (CATS) donde se evalúan 7 emociones básicas en tareas de reconocimiento de rostro y 4 sobre el lenguaje (prosodia). Los resultados muestran que no existen cambios significativos entre los datos obtenidos antes y después de la intervención quirúrgica.

A pesar de lo cual se había observado sintomatología de apatía o depresión en 6 de los participantes antes de la intervención, y que luego el número se amplió a 14 después de un año de la intervención. Lo que sin duda debería ser objeto de estudio el por qué en un año se ha duplicado el número de personas con sintomatología depresiva, y si esto se corresponde con una evolución "normal" de la enfermedad o es producto de la intervención quirúrgica.

Como carencias del estudio destacar que no se

ha llevado a cabo ningún grupo control con el que comparar la evolución de la enfermedad a lo largo del tiempo, y que tampoco se ha realizado una evaluación exhaustiva del estado de ánimo del paciente ni antes ni después de la intervención quirúrgica.

Debido a las limitaciones del estudio no se pueden generalizar los resultados hasta que no se amplíe el número de participantes, se incluya un grupo control y se analice la evolución del estado de ánimo de los pacientes participantes a los que se les ha sometido a una intervención quirúrgica como medida de afrontar la fase más avanzada de la enfermedad de párkinson.

- La alteración de la percepción:

Una de las mayores dificultades de los pequeños con autismo es la integración social, pero ¿Existe relación entre padecer sordera y autismo?

Una pregunta que está estrechamente relacionada con las habilidades sociales y de integración del menor, ya que, si este padece de sordera, difícilmente podrá entender adecuadamente lo que dicen los demás y por tanto no podrá ofrecer una respuesta.

Esto ha motivado a los investigadores a tratar

de resolver los problemas asociados a dicho trastorno con lo que mejorar la calidad de vida del menor.

Los problemas auditivos que tienen importantes implicaciones en el desarrollo de cualquier menor, y que cuando se detecta rápidamente se trata de poner solución, en el caso concreto de los pequeños con Trastorno del Espectro Autista puede llegar a pasar "inadvertido" debido a que tiene "mayores problemas" de los que preocuparse

Aunque si se pregunta muchos padres e incluso a algunos especialistas, lo que suelen conocer al respecto es todo lo contrario, es decir, una de las características del Trastorno del Espectro Autista es su hipersensibilidad, en ocasiones al contacto, al gusto e incluso al sonido.

No sabiendo reaccionar adecuadamente y sintiéndose molesto por aquellos sonidos inesperados, repetitivos o estrepitosos, ya provengan estos de un despertador, una lavadora, o la sirena de una ambulancia, pero ¿Existe relación entre padecer sordera y autismo?

Esto es lo que se ha tratado de averiguar con una investigación realizada desde el Department of Hearing and Speech Sciences, Faculty of Allied

Health Sciences, Health Sciences Center, Kuwait University (Kuwait) cuyos resultados han sido publicados en la revista científica Communication Disorders, Deaf Studies & Hearing Aids.

En el estudio participaron veintidós pequeños, todos ellos varones diagnosticados con Trastorno del Espectro Autista, con edades comprendidas entre los siete a quince años.

A todos ellos se les pasaron dos pruebas auditivas el Transient Otoacoustic Emissions (T.OA.Es.) para evaluar la integridad de la cóclea y de las células ciliadas; y la timpometría, que sirve para evaluar el oído medio.

Los resultados muestran que 17 de los pequeños, es decir el 77% de ellos muestran una audición reducida.

El no haber incluido en el estudio un grupo de niñas, hace que no se pueda conocer si existen diferencias en la relación sordera y autismo en función del género.

Una de las limitaciones del estudio es el escaso número de participantes en el mismo, lo que hace que la relación encontrada entre la sordera y autismo no puedan ser extrapolados sus resultados a la población hasta no observarse en nuevas investigaciones.

Al no haberse aplicado los métodos tradicionales de medida de problemas de audición basados en la respuesta conductual de la persona, no se puede concluir si estos nuevos métodos son más sensible y eficaces o no.

Hay que destacar que el estudio se ha centrado en un problema que escasamente se atiende, ya que los padres atribuyen en muchas ocasiones su falta de "atención auditiva" a las características propias del Trastorno del Espectro Autista y no a un problema independiente como tal.

Si nuevas investigaciones ofrecen información similar con un índice tan elevado como es el 77% de relación entre sordera y autismo, habrá que pensar en implementar pruebas auditivas para todos los pequeños con Trastorno del Espectro Autista.

En todo caso, y tal y como indica el autor del estudio, las familias que tengan alguna sospecha al respecto, deberían de acudir al otorrinolaringólogo para descartar que sus pequeños puedan sufrir de problemas auditivos como sordera, lo que sin duda es un problema añadido al trastorno del desarrollo que tiene.

Siendo importante la detección temprana para

aumentar así las posibilidades de mejora en la intervención del menor.

Aspecto, que con los avances actuales puede ser fácilmente corregidos ya sea mediante el empleo de reforzamiento con actividades auditivas o incluso con el empleo de aparatos.

Para la evaluación de las funciones cognitivas se han diseñado pruebas estandarizadas, la cuales se pasan a comentar:

- BRIEF-P. Evaluación Conductual de la Función Ejecutiva - Versión Infantil

Evaluación de las funciones ejecutivas por parte de padres y profesores en niños de 2 a 5 años.

- CSAT-R. Tarea de Atención Sostenida en la Infancia - Revisada

Evaluación de la atención sostenida mediante una tarea de vigilancia tipo CPT.

- REGIA. Rehabilitación Grupal Intensiva de la Afasia

Programa para el tratamiento de la afasia.

- SCIP-S. Screening del Deterioro Cognitivo en

Psiquiatría

Prueba breve dirigida a evaluar la presencia de déficits cognitivos que más frecuentemente presentan los adultos con algún tipo de alteración psiquiátrica: memoria, atención, funciones ejecutivas y velocidad de procesamiento.

- SENA. Sistema de Evaluación de Niños y Adolescentes

Evaluación de los principales problemas emocionales y de conducta de niños y adolescentes.

- CUMANES. Cuestionario de Madurez Neuropsicológica para Escolares

Evaluación global del desarrollo neuropsicológico y del rendimiento cognitivo en niños.

- CUMANIN. Cuestionario de Madurez Neuropsicológica Infantil

Sistema integrado para la exploración del nivel de madurez neuropsicológica para niños en edad preescolar, evaluando las cuatro funciones mentales básicas: Lenguaje, Memoria, Motricidad y Sensorialidad mediante 13 escalas.

- ENFEN. Evaluación Neuropsicológica de las Funciones Ejecutivas en Niños

Evaluación del nivel de madurez y del rendimiento cognitivo en actividades relacionadas con las Funciones Ejecutivas en niños.

- LURIA-DNA. Diagnóstico Neuropsicológico de Adultos

Examen neuropsicológico de los procesos corticales superiores (Lenguaje, Memoria, Atención y Funciones visoespaciales) y sus trastornos siguiendo el modelo de Luria.

- LURIA-INICIAL. Evaluación Neuropsicológica en la Edad Preescolar

Evaluación del funcionamiento ejecutivo y lingüístico, de la velocidad de procesamiento y de la memoria inmediata en niños pequeños siguiendo el modelo de Luria.

- MMSE. Examen Cognoscitivo Mini-Mental

Adaptación española de una de las pruebas clínicas más reconocidas y utilizadas para la valoración de las funciones cognitivas y del estado mental en adultos.

- ANILLAS. Test para la Evaluación de las Funciones Ejecutivas

Evaluación del funcionamiento ejecutivo en adultos mediante la capacidad de planificación.

- CAMDEX-R. Prueba de Exploración Cambridge Revisada para la Valoración de los Trastornos Mentales en la Vejez

Diagnóstico clínico preciso de las formas más frecuentes de demencia, así como otros trastornos mentales frecuentes en la vejez.

- FDT. Test de los Cinco Dígitos

Evaluación de la velocidad de procesamiento cognitivo y de aspectos específicos de la atención y de las funciones ejecutivas, como el control atencional, la alternancia y la resistencia a la interferencia.

- MFF-20. Test de Emparejamiento de Figuras Conocidas

Evaluación del estilo cognitivo reflexivo o impulsivo que muestran los niños ante tareas ambiguas.

- SDMT. Test de Símbolos y Dígitos

Detección rápida de disfunciones cognitivas en niños y adultos mediante una tarea clásica de sustitución de símbolos por dígitos. Es unas de las pruebas de referencia para la evaluación de los síntomas cognitivos en la esclerosis múltiple.

- STROOP. Test de Colores y Palabras

Una de las pruebas más utilizadas para la detección de problemas neuropsicológicos, daños cerebrales y evaluación de la interferencia.

- WCST. Test de Clasificación de Tarjetas de Wisconsin

Evaluación neuropsicológica de varios componentes de las funciones ejecutivas, como el razonamiento abstracto, la formación de categorías, la solución de problemas y la perseveración.

- BENDER. Test Guestáltico Visomotor

Exploración del nivel de maduración de los niños y adultos deficientes, de la pérdida de función y defectos cerebrales orgánicos en adultos y en niños, así como de las desviaciones de la personalidad, en especial fenómenos de regresión.

- BRIEF-2. Evaluación Conductual de la Función Ejecutiva

Prueba de referencia para la evaluación de las funciones ejecutivas por parte de padres y profesores.

- CAMDEX-DS. Prueba de Exploración Cambridge para la Valoración de los Trastornos Mentales en Adultos con Síndrome de Down o con Discapacidad Intelectual

Evaluación de las formas más frecuentes de demencia, así como de otros trastornos mentales y físicos presentes en personas adultas con síndrome de Down u otro tipo de discapacidad intelectual.

- FROSTIG. Test de Desarrollo de la Percepción Visual

Prueba para la evaluación de retrasos en la madurez perceptiva de niños con dificultades de aprendizaje. Evalúa los siguientes aspectos de la percepción visual: Coordinación visomotora, Discriminación figura-fondo, Constancia de forma, Posiciones en el espacio y Relaciones espaciales.

- HARRIS. Test de Dominancia Lateral

Evaluación del patrón de dominancia lateral de la mano, del pie y del ojo, aspecto muy relevante en las dificultades con la lectura y la escritura.

- HPL.Tests de Homogeneidad y Preferencia Lateral

Evaluación de la homogeneidad y de la dominancia lateral de la mano, el ojo y el pie. Muy útil para el examen de personas con perturbaciones en el lenguaje oral o escrito, en la motricidad o en la orientación espacial.

- PORTEUS. Test de Laberintos

Evalúa la aptitud para formar y ejecutar un plan de trabajo, uno de los componentes de las funciones ejecutivas y que está relacionada con la adaptación social.

- REY. Test de Copia de una Figura Compleja

Prueba clásica de gran utilidad clínica y muy usada en neuropsicología para la evaluación de la capacidad visoperceptiva y visomotora y de la memoria visoespacial.

- TESEN. Test de los Senderos para la Evaluación de las Funciones Ejecutivas

Evaluación del funcionamiento ejecutivo de jóvenes y adultos mediante la realización de una tarea de planificación consistente en una actividad visomotora (Trail Making Test).

- TIDA. Test de Identificación de Daltonismos

Detección y diagnóstico de anomalías en la visión de los colores, como el daltonismo, la ceguera cromática a la acromatopsia

- TRVB. Test de Retención Visual de Benton

Examen de la percepción visual y las actividades visoconstructoras. Diagnóstico de anomalías en el área de la patología cerebral y evaluación del nivel premórbido de la inteligencia afectada por algún defecto orgánico.

Hay que tener en cuenta que esta evaluación se suele acompañar de pruebas de neuroimagen, sobre todo cuanto la afección es debido a un daño cerebral adquirido donde se pueden observar regiones o áreas afectadas.

Daño cerebral que puede provenir tanto de un

traumatismo craneoencefálico, accidentes cerebro vasculares (ictus) o tumores cerebrales entre otros.

Igualmente, estas técnicas de neuroimagen van a permitir comprobar hasta qué punto las funciones entrenadas van supliendo las carencias presentadas en evaluaciones previas, y con ello comprobar el éxito de la intervención.

Capítulo 4. Técnicas de intervención en los procesos psicológicos

Son muchas las aplicaciones de la neuropsicología, ya sea en el ámbito estrictamente clínico como en otros, como el educativo, así la neuropsicología nos permite ahora saber "quién vale para estudiar", y prevenir cuando se encuentran deficiencias a edades tempranas para poder intervenir

A todos nos gustaría que nuestro hijo fuera presidente de un país o una empresa, astronauta o médico, es decir, que llegase lo más lejos que se pudiese en su carrera profesional, o quizás tan sólo que fuese lo que nosotros mismos no hemos sido capaces de lograr, o puede que lo mismo que somos y hemos alcanzado, pero ¿Cuánto de ello es real?

A pesar de lo que queramos, el pequeño va a ir pasando por distintas fases en su vida, y en algunas podremos influir de forma decisiva, sobre todo cuando son pequeños, llevándoles a academias privadas, motivándole e incentivándole hacia aquello que creemos "es lo mejor para su futuro", pero cuando vaya creciendo, nuestra capacidad de "influencia" va a ir decreciendo en favor de su propia opinión o la de sus amigos, lo que va a ser decisivo sobre todo a la hora de elegir estudios y con ello dirigir su futura vida profesional, pero ¿eso garantiza que tenga éxito en un futuro?

Desde hace años, algunos gobiernos han desarrollado políticas de screening poblacional, por el que se administra a todos los menores una serie de cuestionarios validados, para "detectar" aquellos que tienen mayores potencialidades para un campo un otro, y con ello poder ofrecer una mejor orientación; los antecedentes de esto lo encontramos en los clásicos cuestionarios de inteligencia.

Una detección temprana y una correcta orientación, ya sea por parte de instituciones públicas o por parte de los padres van a permitir conocer en qué puede ser mejor el pequeño, qué es lo que se le va a dar mejor, aunque la decisión al final siempre va a recaer en sí mismo, ya que va a ser él quien tenga que esforzarse por lograr las metas futuras, pero ¿Qué determina el desempeño en las distintas pruebas?, ¿Es posible predecir con antelación el futuro profesional de los niños?

Con estos antecedentes un grupo del Instituto Karolinska (Suecia) ha realizado un estudio publicado en la revista científica The Journal of Neuroscience en el que ha tratado de dar respuesta a las cuestiones anteriores fijándose en un sólo índice, la memoria de trabajo, la cual es la capacidad de retener y manejar información a corto plazo.

La memoria de trabajo ha demostrado ser un buen predictor de un mejor rendimiento en el tiempo, tanto en matemáticas como en lectura, así un niño con escasas capacidades desarrolladas de memoria de trabajo van a mostrar dificultades futuras, por todo ello ha sido objeto de estudio de éste grupo de trabajo, empleando para su evaluación la técnica de resonancia magnética funcional, con el objetivo de establecer una método útil para identificar tempranamente a niños con riesgo de sufrir escaso desarrollo cognitivo.

Se emplearon en el estudio a 232 participantes entre los 6 y 20 años, una vez excluidos participantes con trastorno por déficit de atención o dislexia, para lo cual se empleó una técnica de medida neuropsicológica adaptada a cada edad. Se realizó una prueba de memoria de trabajo, que no puede ser evaluada directamente sino viendo sus efectos en la ejecución de alguna tarea, además se emplearon las matrices progresivas de Raven para medir la capacidad de razonamiento.

Los mismos participantes tuvieron que pasar

por estas pruebas dos años después para evaluar la consistencia de las medidas, o el cambio en el tiempo de estas.

Los resultados muestran dos estructuras que están implicadas en una mejor predicción del desempeño en las tareas de memoria de trabajo y con ello de un mejor desarrollo académico y profesional futuro, estas fueron, el tálamo y los núcleos caudados.

Por lo que los autores entienden que con ello es posible emplear la resonancia magnética como herramienta de evaluación para poder detectar de forma temprana una menor activación de las estructuras anteriormente indicadas, que serían signos de que hay que intervenir en esos pequeños, ya que de no hacerlo pone en riesgo su desarrollo cognitivo y con ello su futuro académico y profesional.

La intervención en los procesos psicológicos va a depender de muchos factores:

- La edad del paciente, sabiendo que cuanto más jóvenes sean mayores probabilidades tienen de desarrollar esos procesos psicológicos mermados.

- El número de proceso afectados, no es lo mismo tratar un único problema, que un paciente tenga afectados varios procesos psicológicos.

- La gravedad de la afección, si es leve, la intervención va a ser más rápida y exitosa.

- El tiempo transcurrido desde que se produce "el problema" y cuándo se empieza a intervenir, sabiendo que cuanto más tiempo pase entre ambos, las posibilidades de éxito se reducen.

Hay que contemplar que la intervención siempre debe de llevarse a cabo por personal especializado, y a ser posible en un centro que cuente con el equipamiento adecuado para el mismo.

Existen dos tipos de intervención en función del objetivo perseguido:

- La estimulación neuropsicológica, la cual hace referencia a la intervención para desarrollar capacidades y habilidades no presentes en el paciente y que por su edad debería de tener desarrolladas.

Principalmente esta intervención se realiza en niños con retrasos cognitivos en el desarrollo.

- La rehabilitación neuropsicológica,xxxx

Hay que tener en cuenta que los retrasos cognitivos suelen ir acompañado en algunos casos también de otros retrasos madurativos como en el caso del movimiento, tal y como se ve a continuación en el caso del Trastorno del Espectro Autista:

Como vemos la intervención en la infancia es fundamental, ya que lo que se alcance en esta etapa va a determinar en buena medida la calidad de vida futura del menor.

Hay que tener en cuenta que en ésta época de la infancia es donde más facilidad tienen los menores por adquirir nuevas competencias y desarrollos cognitivos, debido a que el cerebro todavía no ha completado su proceso madurativo, por lo que es más dúctil a las intervenciones neuropsicológicas.

El desarrollo del lenguaje infantil ha sido uno de los temas más estudiados desde la Psicología Evolutiva para conocer si es posible mejorarlo.

Aspecto que es fundamental si tenemos en cuenta que algunos pequeños muestran problemas en el desarrollo del lenguaje, de ahí que sea importante estudiarlo y analizarlo además de tratar de establecer programas de entrenamiento y mejora para aquellos que muestren retraso en comparación con otros pequeños de su misma edad.

Una de las primeras dificultades a las que se

tiene que enfrentar el menor a la hora del desarrollo del lenguaje es saber determinar las partículas del mismo, es decir, distinguir las palabras como sonidos sueltos, dentro de un diálogo continuo.

Esta misma dificultad la muestran los adultos cuando tratan de aprender un nuevo idioma, y lo escuchan una y otra vez, pero son incapaces de saber cuándo acaba una palabra e inicia otra, ya que el discurso normal vamos uniéndolas y parecen que todas siguen un mismo tren discursivo sin apenas interrupciones.

Nada más que hay que recordar la primera vez que escuchamos un idioma, ya sea chino, alemán u otro. La sensación es de no saber qué te dicen en cuanto a contenido, pero también en cuanto a las palabras que lo contienen.

A medida que vamos desarrollando nuestro oído, somos capaces de identificar en una frase aquellas palabras que ya conocemos su significado, pero también aquellas otras que no sabemos qué significan. Esto es gracias al desarrollo del lenguaje que nos permite identificar sonidos y espaciarlos correctamente, lo que hace que a medida que tengamos un mayor vocabulario en ese nuevo idioma, nos resulte más y más sencillo poder escuchar frases cada vez más complejas y largas.

La fase de dominio llega cuando somos capaces de oír separadamente cada sonido e identificar su significado tanto de cada palabra como de la frase en conjunto, algo que con el tiempo y la práctica se vuelve automático, y no tenemos que realizar ningún esfuerzo al respecto para comprender ese idioma que nos ha costado tanto aprender.

A esta habilidad del desarrollo del lenguaje se denomina segmentación y permite reconocer distintas partículas del discurso, paso previo y necesario para luego identificar sujeto, verbo, complementos..., un proceso que algunos estudios anteriores han señalado que se puede iniciar a partir de los 10 meses de edad, según el idioma en el que se realice el estudio, pero ¿Es posible mejorar el desarrollo del lenguaje infantil?

Esto es precisamente lo que se trata de investigar desde el Instituto Marx Planck de Psicolingüística, la Universidad de Utrecht, la Universisdad Radboud Nijmegen y la Universidad de Amsterdam (Países Bajos), la Universidad Occidental de Sydney (Australia) publicado recientemente en la revista científica Brain Science.

Se realizaron dos estudios para analizar el desarrollo del lenguaje infantil. En el primero participaron 15 niñas y 13 niños de diez meses de edad, a los que se les presentaron unos estímulos auditivos y fueron evaluados 6 meses después para comprobar si mantenían el recuerdo de aquello para lo que se usó tanto una prueba de identificación de sonidos familiares como de registro de su actividad cerebral. Los resultados muestran una mejora significativa frente a un grupo control que no recibió la estimulación previa.

La misma prueba se les realizó a los cinco años de edad para comprobar si mantenían aquella mejora original al haber sido expuesto a estimulación de otro idioma diferente al suyo, esta vez evaluado a través de un cuestionario estandarizado denominado Reynell Developmental Language Scales. Los resultados muestran que no se observan diferencias significativas con respecto al grupo control de los expuestos tempranamente a ese idioma nuevo.

Tal y como señalan los autores hay que distinguir la influencia temprana positiva de otros idiomas, con el efecto del paso del tiempo, que, a todos, pequeños adultos, nos hace que vayamos olvidando aquello que no usamos, por ejemplo, si aprendimos francés en el instituto y no lo hemos vuelto a usar, es probable que cinco años después nos cueste mucho volver a reconocer las palabras de una conversación normal

Entre las limitaciones del estudio se encuentra el escaso número de participantes, y que el idioma nuevo, a pesar de tener una raíz lingüística diferente, está relativamente accesible por la proximidad geográfica de los participantes implicados en el estudio.

Igualmente, el efecto del paso del tiempo se confunde con el del posible o no desarrollo del lenguaje, por lo que habría que observar si esa estimulación temprana que tan buenos resultados ha ofrecido, sirve para que estos pequeños aprendan ese idioma más rápidamente que otros de su misma edad que no estuvieron expuestos tan tempranamente a ese nuevo idioma.

Como vemos la intervención es posible y efectiva si conocemos qué variables van a estar jugando en dicho proceso.

Conclusiones

El ámbito de estudio de la Psicología abarca a cualquier actividad humana, para comprender cómo se produce esta, y qué influencia puede tener esta en su vida, de ahí que se incluya una actividad cada vez más frecuente tanto en adultos como en jóvenes, el uso extendido e intensivo de Internet, especialmente en cuanto al manejo de las redes sociales.

Sobre Juan Moisés de la Serna

Es Doctor en Psicología, Master en Neurociencias y Biología del Comportamiento, y Especialista en Hipnosis Clínica, reconocido por el International Biographical Center (Cambridge - U.K.) como uno de los cien mejores profesionales de la salud del mundo del 2010. Desarrollando su labor docente en distintas universidades nacionales e internacionales.

Divulgador científico con participación en congresos, jornadas y seminarios; colaborador en diversos periódicos, medios digitales y programas de radio; autor del blog "Cátedra Abierta de Psicología y Neurociencias" y de diecisiete libros sobre diversas temáticas.

Actualmente desarrolla su labor de investigación en el ámbito del Big Data aplicado a la Salud, para lo cual trabaja con datos provenientes de la India, EE.UU. o Canadá entre otros; labor que complementa con la asesoría a Startups tecnológicas orientadas a la Psicología y el Bienestar personal.

www.ingramcontent.com/pod-product-compliance
Lightning Source LLC
Chambersburg PA
CBHW051757250726
48659CB00001B/471